Vorwort

Der vorliegende Band steht am Anfang einer Reihe von Spielzeug-Reflexionen, mit denen wir die Sammlungen des Norddeutschen Spielzeugmuseums unter besonderen Perspektiven erschließen und einem größeren Publikum vorstellen möchten.

Im Spiel erschafft sich der Mensch Welten, in denen er seine Wünsche und Vorstellungen zum Ausdruck bringen und eine Vielzahl von Bedürfnissen ausleben kann. Ob nun als Erfahrungs- oder Phantasieraum, als Ab-, Vor- oder Spiegelbild der Wirklichkeit, als Ersatz- oder Gegenwelt, das Spiel eröffnet einen Freiraum der Bestimmbarkeit und verbindet dabei Realität und Imagination, Sinnlichkeit und Verstand, Gegenwart und Zukunft.

Dieses Potential des Spiels möchten wir mit unseren Ausstellungen und Publikationen inhaltlich *und* praktisch entfalten. Die Welt des Spielzeugs soll uns dazu anregen, uns und unsere Welt zu reflektieren und neue Zugänge zu alten und aktuellen, kleinen und großen Fragen zu finden. Lassen Sie sich von unserem „Musterbuch der Kultur“ verzaubern und herausfordern –
spielen Sie mit!

Erzgebirge-Bauernhof mit strohbedeckten Häusern, die Holzfiguren wurden mit Tuchschur belegt, vermutlich von Gustav Käst, Seiffen um 1865 (im Hintergrund: Musterbuch eines thüringischen Spielzeugverlegers, um 1840); Schachtel 42 cm breit

Oval, praktisch, gut!

Alte Spanschachteln in neuem Licht

Spanschachteln sind mehr als Behältnisse für nostalgische Vorstellungen.
Mit ihnen lassen sich **Gegenstände** genauso gut wie **Botschaften** transportieren,
sie können immer wieder neu verwendet,
mit Bedeutungen versehen oder mit Objekten gefüllt werden.
Gerade durch ihre simple Grundform sind Spanschachteln offen
für eine fast unendliche Vielfalt an Bestimmungen und Inhalten.

Diese Multifunktionalität von Spanschachteln lässt sie weniger als „alte Schachteln“,
sondern vielmehr als moderne „Allround-Dienstleister“ erscheinen.
Sie stellen der Flut an **Einweg**verpackungen,
die sich auf Müllhalden türmen und ablagern,
die Schönheit und Dauerhaftigkeit
einer jahrhundertealten **Mehrweg**verpackung entgegen.

Gepunktete Zierschachtel, Berchtesgaden um 1900, 15 cm breit

Doch Spanschachteln bergen nicht nur Chancen für die Zukunft,
sie dienen uns auch als **Speicher** für Vergangenes.
In ihrem Inneren und Äußeren bewahren und (re-)präsentieren sie,
was uns wichtig war und vielleicht noch immer wichtig ist.
Gerade durch ihre Bestimmbarkeit als „Leerkörper" können sie
zu historischen Lehrkörpern werden: zu Medien der Erinnerung ...

**In diesem Bilderbuch möchten wir Ihnen zeigen,
was alles in Spanschachteln steckt:**
welche Geschichten sie erzählen, welche Objekte in ihnen verborgen sind,
welche Verwendungen sie fanden – und welche Vorteile sie bieten.
Wir wollen zu einer Renaissance der Spanschachtel beitragen,
indem wir neues Licht in „alte Schachteln" bringen.

Entdecken Sie die äußeren und inneren Werte
von Spanschachteln!

Das Phänomen:
Spanschachteln sind **zweiteilige** Behältnisse aus dünnem Holz (Spänen), die sich im Wesentlichen aus vier Elementen zusammensetzen:
- zwei Platten (für den Deckel und den Boden) und
- zwei **gebogenen** Spänen („Zargen" genannt), die dem Deckel bzw. Boden einen Rahmen und dem Ganzen Tiefe geben.

Als Holzarten kommen Rotfichte und Tanne sowie gelegentlich Esche und Saalweide in Frage.

Eine Kurzgeschichte:
Spanschachteln sind bereits für das 14. Jahrhundert belegt und gehörten über Jahrhunderte als Allzweck-Behältnisse zur **Standardausstattung** in Haushalten, Geschäften und Werkstätten.
Hergestellt wurden sie von Schachtelmacher-Familien in waldreichen Gegenden – vor allem im Berchtesgadener Raum (Oberbayern) sowie in Thüringen und im Erzgebirge.
Im **19. Jahrhundert** wird die Spanschachtel zunehmend von leichteren und einfacher zu produzierenden Verpackungen (wie Pappschachteln) verdrängt; Spanschachteln dienen nun vorrangig als „Dekorationsmittel".

Aus einem Trachtenbuch
des 16. Jahrhunderts:
Schornsteinfeger mit Spanschachtel
für Kleinwerkzeug;
aus: Dröge / Pretzell, S. 36

Verkaufseinheit für Nachtlichte,
G. A. Glafey, Nürnberg um 1880;
auf einem Gemisch aus Wasser
und Rüböl schwimmend,
sollten die kleinen, papierberingten
Dochte bis zu 16 Stunden leuchten;
Schachteln jeweils 7,5 cm breit

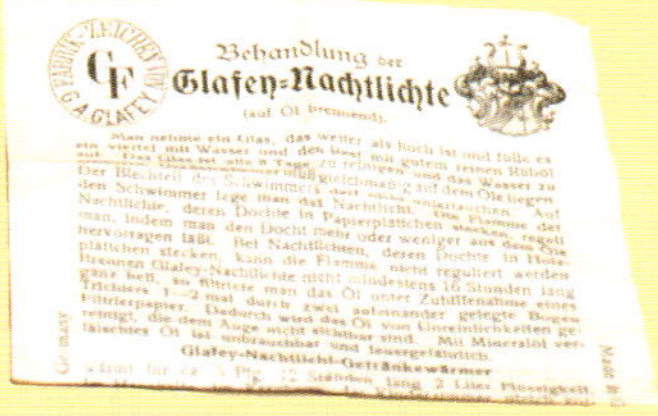

Papierbeklebte Spanschachtel, innen Auszüge
aus einer lateinisch-deutschen Ausgabe
eines mittelalterlichen Geschichtswerks,
Deutschland um 1820, 39 cm breit

„Klobbs“ für Große und Kleine:
Spanbehälter für Fische in Normal- und
Puppenstubengröße, Norddeutschland um 1850,
48 und 17 cm breit

Verlobungsgeschenk · Pillenschachtel · Haubenschachtel · Dekorationsobjekt · Oblatenbehälter · Keksdose · Werkzeugkiste · Versandverpackung · Postschachtel · Spielzeugschachtel · Krimskramsbehälter · Botschafter · Geburtstagsgeschenk · Schultütenschachtel · Fischbehälter · Glaubenssymbol · Lebkuchendose · Zigarrenkiste · Jagdgeschenk · Nostalgieobjekt ·

Bild-Exkurs:

Vom Baumstamm zur Spanschachtel:

Werkzeuge und Produktionsschritte

Aus: Christoph Weigels, „Abbildung der gemeinnützlichen Hauptstände“, Regensburg 1698

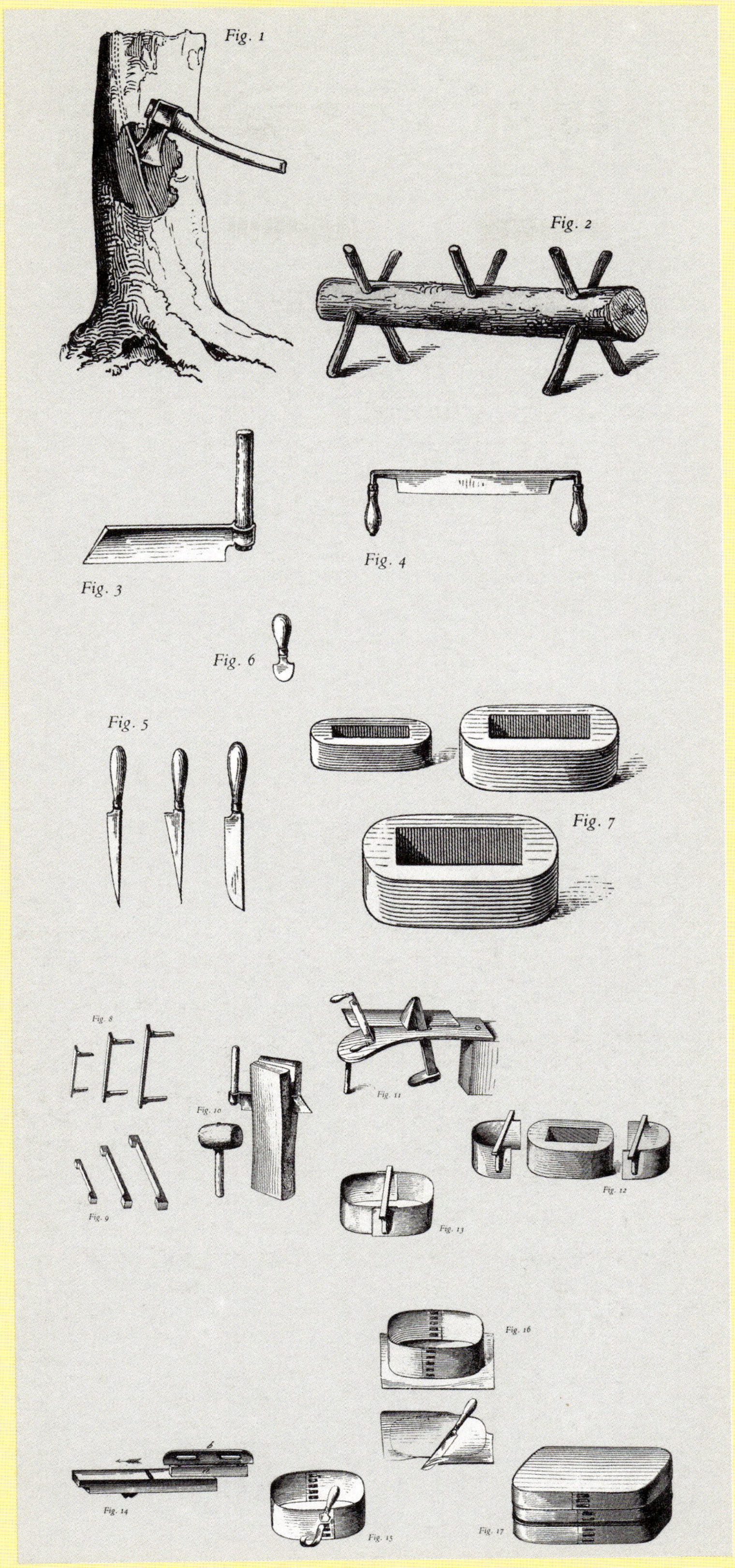

Aus: „Das Kunstholz-
handwerk im
oberbayerischen Salinen-
Forstamtsbezirke
Berchtesgaden“,
München 1860

I

Die unendliche Bestimmbarkeit

Blankschachteln

Gemälde aus dem späten Mittelalter bezeugen es:
Am Anfang waren fast alle Spanschachteln **blank**;
keine Bemalung, keine Kerbschnitzereien oder aufkaschierten Lithographien schmückten Deckel, Zargen und Boden.
Das Äußere dieser Spanschachteln spiegelt eine funktionale Unbestimmtheit wider, die mit Farbe nur eingeschränkt, zugedeckt werden kann.

Doch Holz ist nicht Holz:
Nutzer und Nutzungen hinterlassen **Spuren**, und Spuren erzählen Geschichten.
Schriftzüge, Siegelmarken, Stempelabdrücke und aufgeklebte Zettel weisen auf frühere Besitzer und Adressaten, längst vergessene Inhalte und Verwendungen.
Und dort, wo sich die Hinweiszeichen überkreuzen oder überlagern, zeigt sich der Schachtel Kern: ihre Wandlungsfähigkeit.

Aus der Zeit der Schneckenpost? Humoristische „Postschachtel", Berchtesgaden um 1780, 43 cm breit

Eine versiegelte Versand- als schwarz beklebte Trauerschachtel, Thüringen um 1870, 28 cm breit

„Die Post ist da."

Parallel zur Entwicklung des Postwesens von der Schnecken- zur Bahnpost
stieg der Bedarf an Versandverpackungen;
im 19. Jahrhundert türmten sich Blankschachteln
auf Pferdefuhrwerken, in Postämtern, auf den Rücken von Postboten, ...
– und schließlich in den Haushalten der Empfänger,
die manches Postpaket in eine Schachtel für „Sachen" verwandelten.

Sachen können Erinnerungen wach halten,
Spanschachteln Erinnerungsgegenstände erhalten, aber auch abhalten, verbergen.
Diente eine mit schwarzem Papier beklebte Trauerschachtel dem rituellen Vergessen?
Ihre Erstverwendung als Postschachtel lässt sich noch erfühlen,
doch aller Inhalt ist verloren gegangen;
geblieben ist nur die Erinnerung an die Verwandlungs- und Überlebensfähigkeit der Spanschachtel.

Von der Versandschachtel zum Behälter für „Sachen": Blankschachtel mit Siegelresten, Erzgebirge um 1900, 48 cm breit

Schulanfänger-Schachtel, gekauft bei Gustav Schaefer („Zuckerwaaren-, Chocoladen- und Honig-Kuchenfabrikation“), Mühlhausen/Thüringen um 1910, Ø 26 cm

Dreiecksschachtel für Nüsse mit dem Motiv des „König Nussknacker“, Erzgebirge um 1880, 22 cm hoch

Mit Heidelbeersaft gefärbte Spanschachteln, die mit Zuckerwerk aus der Schultüte gefüllt wurden, Thüringen um 1900, 7 bis 11 cm breit (im Hintergrund: Musterbuch eines thüringischen Spielzeugverlegers, um 1840)

Im Zeitalter der Postwurfsendung wandert nicht nur der inhaltliche Müll, den wir in unseren Briefkästen vorfinden, in die Mülltonne. Fast alle Verpackungen dienen nur der einmaligen Versendung und Verwendung: Einmal aufgerissen, sind sie unbrauchbar geworden.

Selbst das gelbe „PackSet“ der Deutschen Post landet am Ende bestenfalls in der grünen Tonne.

Mit der zunehmenden Unbestimmtheit unserer Lebensentscheidungen scheint unsere materielle Lebenswelt immer bestimmter und entschiedener zu werden: Die meisten Dinge haben nur noch eine Funktion oder Bedeutung *auf Zeit und Raum*. Platz für „Leerkörper“ wie Blankschachteln bleibt da nicht; jeder Topf hat nur noch *einen* Deckel, jedes Bedürfnis *eine* industrielle Antwort, jedes Produkt *seine* formgerechte Verpackung – und jede Verpackung *ihre* speziellen Aufdrucke.

II

Die Welt im Kleinen

Spielzeugschachteln

Wo **Spielzeugmacher** waren, waren auch **Schachtelmacher.**
Während in der einen Familie Späne gezogen oder Zargen zusammengenäht wurden, arbeitete die Nachbarsfamilie an reifengedrehten Tieren oder geschnitzten Kutschen. Die hausindustrielle Produktion lief Hand in Hand, das eine passte in das andere: Zusammen lieferte man kleine Welten in allen Farben und Formen – in Schachteln in allen Größen – für Kinder in aller Welt.

Dörfer und Märkte, Bauernhöfe und Schäfereien, Archen und Parkanlagen gehörten im 19. Jahrhundert zu den beliebtesten **„Bauereien“.** Sie waren die Exportschlager einer ländlichen Spielzeugindustrie, deren Produkte weltweit vertrieben wurden. Die dörflichen Welten des Erzgebirges oder Thüringens dominierten so die Spielwelten des städtischen Bürgertums rund um den Globus – mehr als hundert Jahre vor der „Globalisierung“.

Vierspännige Hoheitskutsche (Holz, 25 cm lang), Berchtesgaden um 1820

„25 Stück Württembergische Infanterie“:
Zinnfiguren-Spanschachtel
der Nürnberger Firma Heinrichsen,
um 1885; 8 cm breit;
auf dem Schachtelboden handschriftliche
Notiz: „Friedrich der Große“

Wie auch immer der Versand von Holzspielzeug erfolgte, ob per Kraxe oder Schiff, die Art der **Verpackung** war immer gleich. Auf Grund ihres geringen Gewichtes, ihrer Haltbarkeit und ihres niedrigen Preises waren Spanschachteln *die* Boten zwischen Spielzeug- und Kinderwelt. Im Inneren randvoll gefüllt mit bunten Miniaturen, ließ ihre äußere Schlichtheit Platz für weitfliegende Träume.

Doch Spielzeugschachteln waren mehr als bloße Verpackungen; sie gehörten zum **Spiel** selbst. Denn jedes Bauspiel, das nicht nur einmal gespielt werden soll, braucht ein Behältnis zum Aus- und Einpacken, lebt von dem Reiz des langsamen Entdeckens und Zusammenfügens und von der Herausforderung des sorgfältigen Ordnens und Zusammenlegens.

Und schließlich: Wie langweilig ist ein Spielzeug, das ein Kind immer vor Augen hat?

Arbeitsalltag zwischen Spänen:
Heimarbeiterfamilie in Steinach (Thüringen),
Photographie um 1925;
aus: Dröge / Pretzell, S. 65

Papiermaché-Schaugerichte auf gedrechselten Holztellern, Erzgebirge um 1840, Schachtel 38 cm breit

Wochenmarkt mit gedrechselten Figuren, Erzgebirge um 1840, Schachtel 36 cm breit
(im Hintergrund: Musterbuch eines thüringischen Spielzeugverlegers, um 1840)

Dieser Festgelegtheit entsprechen auch die meisten Verpackungen: Formgenau passen sie sich an die Spielzeuge an, um gleichzeitig so gut wie jede Weiter- und Wiederverwendung auszuschließen. Mit dem Auspacken wird die überflüssige Hülle abgestreift, um für immer im Müll zu landen.

Selbst beim geheimnisvollen Ü-Ei bleibt von der Verschalung nur ein kurzer, süßer Augenblick.

Statt aufzubauen und zu bewahren, statt zurückzuordnen und immer wieder neu zu entdecken, wird heute vor allem gekauft und ausgepackt. Stets verfügbar häufen sich die Spielzeuge in überquellenden Kinderzimmern. Die unverpackte Präsenz provoziert dabei weniger spielerische Konstruktion als Destruktion: Am Ende wenden Kinder den Überschuss an Kräften, der eigentlich spielerisch gebunden werden sollte, gegen die Dinge, mit denen sie eigentlich spielen sollten; voller Übermut und Überdruss zerstören sie den materiellen Überfluss.

Im scheinbar geheimnislosen Zeitalter der Transparentverpackungen liegt das Geheimnis vieler Spielwaren gerade darin, für das kindliche Spiel ungeeignet zu sein. Spielzeuge werden zum Spielen gekauft, um schließlich gesammelt, hingestellt, hingeschmissen oder weggeworfen zu werden. Denn wie ihre Verpackungen lassen sich die meisten Spielsachen nur ein einziges oder höchstens wenige Male verwenden. Sie sind festgelegt auf eine Funktion, die nach kurzem Ausprobieren langweilig und uninteressant wird. Diese Spezialisierung erschwert das, was spielerische Prozesse auszeichnet und am Leben erhält: ein kreatives Wechselspiel zwischen Subjekt und Objekt, die Umgestaltung und Umbestimmung des Spielgegenstandes im Spiel.

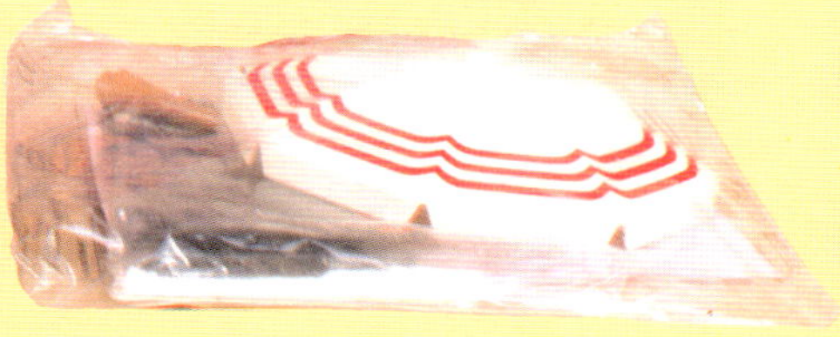

Erzgebirge-Schäferei mit Herkunftshinweis: „This Farm Yard was my Aunt's, Mary Rogers, born July 1817";
Schachtel 18 cm breit

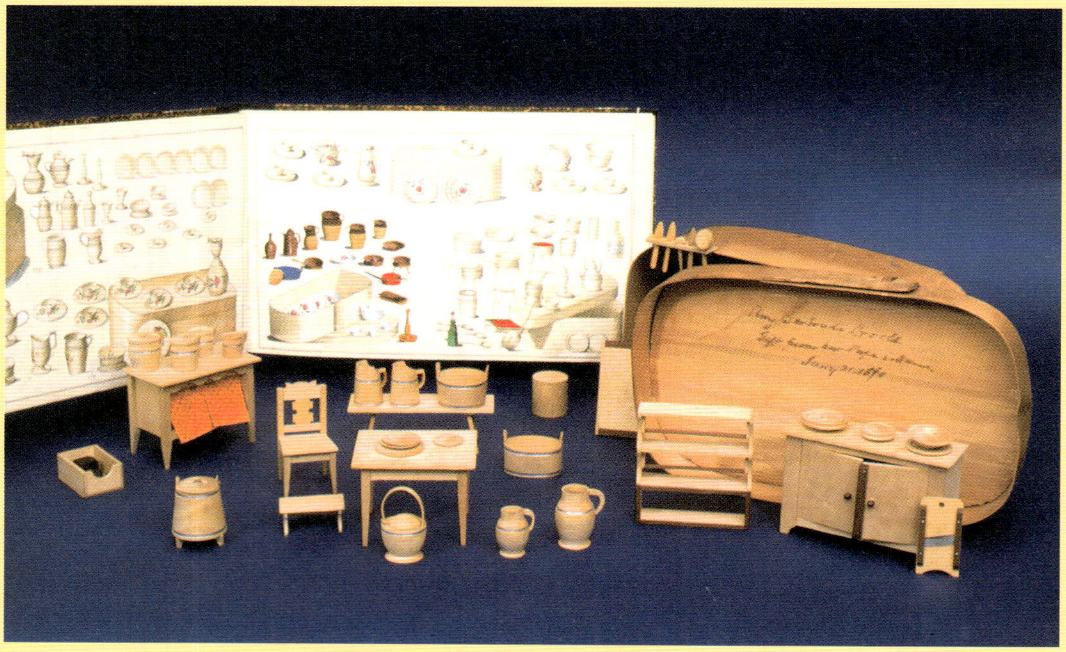

Ein Geburtstagsgeschenk für „Amy Gertrude" von 1840:
ungefasste Küchenmöbel aus dem Erzgebirge, Schachtel 30 cm breit

„Old Woman in a Shoe":
in England um 1835 zusammengestellter Puppenschuh mit
Nadelkissensohle,
Papiermachépuppe aus Thüringen
(19 cm hoch) und Holzpüppchen
aus dem Grödner Tal

„Furniture Set" für den amerikanischen Markt,
Erzgebirge um 1880, Schachtel 34 cm breit

III

Die Liebe zu Gott

Schachteln mit religiösen Funktionen oder Motiven

Die vier Evangelisten bezeugen die Wunder Gottes: Spanschachtel mit religiöser Symbolik, Berchtesgaden 1697, 58 cm hoch

Neujahrsglückwunsch
mit Jesuskind und Gebäckschachtel,
Holzstich um 1470; aus: Wiswe, S. 17

Spanschachteln können mehr sein als irdische Behältnisse für irdische Dinge.
Sie lassen sich auffüllen mit geweihten Gegenständen
und dekorieren mit transzendentalen Botschaften.
Ihre konkrete Gestalt und Funktion ist dabei eine **Frage des Glaubens**,
der persönlichen, zeit- und regionaltypischen und nicht zuletzt konfessionellen Vorstellungen
von dem, was Gottes Liebe und die Liebe zu Gott bedeuten.

Außen blank und innen voll:
Die Spanschachteln in der kirchlichen Bilderwelt des Mittelalters
dienen vor allem der **Aufbewahrung von symbolisch Kostbarem.**
Häufig sind sie gefüllt mit Gebäck oder mit Oblaten – mit Speisen,
die sich im Kontext des Bildes oder im Ritual des Abendmahls zu Medien verwandeln,
die den Gläubigen an der Erlösung durch den Tod Christi „leiblich“ teilhaben lassen.

Spanschachtel-Eingericht
aus einem Karmeliterinnenkloster, Krippenfiguren
aus Gips, um 1920, 17 cm breit

In der frühen Neuzeit wendet sich das Religiöse von innen nach außen; **gemalte Bekenntnisse** reflektieren den konfessionellen Kampf um die wahre Botschaft: Hier steht Maria mit dem Christkind im Zentrum des Bildes, dort bringt ein Engel Frieden in jedes Haus. Seinen marktwirtschaftlichen Ausdruck findet dieser Streit in der Konkurrenz zwischen dem gegenreformierten Berchtesgaden und dem erzprotestantischen Thüringer Wald.

Eine Antwort auf konfessionellen Streit und thüringische Konkurrenz?
Spanschachtel mit Friedensengel, Berchtesgaden um 1780, 65 cm hoch

Seit der Mitte des 18. Jahrhunderts zeichnet sich auch auf Spanschachteln eine zunehmende Säkularisierung ab: eine **Vermenschlichung** der Liebe und eine **Verweltlichung** des Lebens.
In Berchtesgaden dominieren zunächst Hochzeitsmotive und barocke Punkt-Spiralen; im 19. Jahrhundert setzen sich immer mehr geometrische Muster durch.
In Thüringen gewinnen lebensweltliche und speziell amouröse Motive die Oberhand; spätestens mit der Biedermeierzeit scheint sich die Welt nur noch um sich selbst zu drehen.

Die Religion kehrt so nach innen in die Schachtel und damit zum Einzelnen zurück; was bleibt, ist die Entscheidung des Verwenders, ob und wie er seine Schachtel auffüllen will: ob mit einer Bibel oder mit nichts.

Im Zeitalter der Selbstfindung scheint die „ewige Liebe“ zu einem Spielball veränderlicher Bedürfnisse zu werden. Der Mensch räumt sich selbst die Freiheit ein, sich immer wieder neu erfinden, Bindungen wie Konsum- und Lebensgewohnheiten nach Belieben verändern zu können.

Selbst Coca-Cola muss darum werben, für immer und für alle Ewigkeit getrunken zu werden.

Der Kampf um die wahre Glaubensbotschaft und die richtige Konfession ist von einem Kampf um die beste Werbebotschaft und die beliebteste Marke abgelöst worden. Das Glück scheint immer näher zu rücken: Es lässt sich überall (nicht nur in der Kirche) kaufen, und es wird nicht aufgeschoben (wie das Reich Gottes), sondern Packung für Packung angebrochen. Die Produkte selbst sind dabei Teil der Verheißung: Sie sollen nicht glücklich machen, sondern Bedürfnisse hervorrufen und steigern. Die ferne Ewigkeit des Erlösungsgeschenks wird so gegen den nahen Augenblick des Kaufglücks eingetauscht. Und am Ende bleibt nur eins – für immer und alle Ewigkeit: ein Müllberg, der uns als ein zweiter babylonischer Turm allein mit der Sprache der Verkaufsverpackungen zurücklässt.

IV
Die Lust des Mannes
Spanschachteln als Liebesbotschaften und Antragsteller

„Ich leure dem ganzsen Tahg um einen Freyer“: Brautwerbung als Bedürfnisweckung?
Thüringische Spanchachtel, um 1790, 48 cm hoch

Dreiecksschachtel mit karikaturhaften Figuren, vermutlich für einen Dreispitz, Thüringen um 1800, 39 cm hoch

Was passt besser zu einem Verlobungs- oder Heiratsantrag als eine Spanschachtel? Anders als ein **Blumenstrauß** symbolisiert sie die angestrebte Dauerhaftigkeit der Verbindung, und anders als jeder mühsam zusammengereimte Brief oder jede mühsam auswendig gelernte **Rede** bringt sie die Wünsche des Mannes eindrücklich und trefflich in *ein* Bild und *einen* Spruch. So verwundert es nicht, dass sich die Bemalung mit der Säkularisierung im 18. Jahrhundert von der göttlichen Liebe abwendet und der menschlichen Liebe zuwendet.

Die Motive und Motti dieser „Liebes-“ oder „Hochzeitsschachteln“ richten sich ganz nach den oft derben Wünschen der Schachtelkäufer und -verschenker – also der Männer: Dort schmachten einsame **Jungfern,** die sich nach Erlösung durch einen heiratswilligen Mann sehnen („Alle Jungfern auf der Erden wollen gerne Weiber werden“), hier ist der feiernde **Junggeselle,** der sich erst, nachdem er das Leben ausgekostet hat, bindet („Ich lasse Weib und Mädchen sein, und trink dafür ein gläschen Wein“).

Seite aus einem Musterbuch eines thüringischen Spielzeugverlegers, um 1840

Animalische Verhüllung
oder Zuspitzung?
Erotische Spanschachtel,
Thüringen um 1840,
45 cm breit

Mit der Schachtel verkündet der Mann seine Besitzsansprüche sowie – zunächst hoffend, später mahnend – seine Rollenvorstellungen und Eheerwartungen: Wie die Schachtel so soll die Ehe ein **Geschenk** des Mannes an die Frau sein; während er die Wahl zwischen Wein und Weib und zwischen verschiedenen Jungfern hat, muss die Frau warten, um sich schließlich demjenigen, der sie für das Leben oder eine Nacht erwählt, ganz hingeben zu können:

„Es lebe die Henne, die sich bückt,
Wenn sich der Hahn zum Treffen schickt."

Frühe thüringische Paarschachtel:
„Garßen (bei Celle) 1727", 49 cm hoch

Ist der Junggeselle,
der nicht heiraten will,
ein Narr?
Brautschachteln,
Thüringen um 1840,
44 cm breit

Brautschachtel,
Thüringen um 1840,
44 cm breit

Was hat also die Beschenkte von einem solchen Geschenk?
Sie bekommt ein Pfand der Liebe – und ein Behältnis für die entscheidenden Dinge des Lebens:
für eine **Hochzeits-** und eine **Witwenhaube**, für ein Taufkleid und Erstlingsschuhe, ...
Und selbst, wenn die Liebe mit der Schachtel alt
und die Frau in den Augen des Mannes zu einer „alten Schachtel" geworden sein sollte,
die Schachtel als Andenken und als immer wieder neu zu füllender Raum für Bewahrenswertes
bleibt.

Im Zeitalter der Lebensabschnittsgefährten geht die Liebe durch den Magen, den Einkaufswagen und das Handy. Alles ist austauschbar und auf Auskosten und Schnelligkeit ausgerichtet. Statt um die Frau fürs Leben zu werben, erwarten wir heute, ständig, überall und immer neu beworben zu werden. Dauerhafte Botschaften und lebenslange Verbindungen scheinen der Vergangenheit anzugehören.

Selbst ein Pralinenherz hat sich schon bald verzehrt, um einer neuen Verführung zu weichen.

Um uns zumindest äußerlich aus Beziehungen zu befreien, schmeißen wir mit jeder neuen Liebe den alten Beziehungsmüll weg. An der Höhe des Müllbergs lässt sich dabei der Schwankungsgrad unserer „Verhältnisse" ablesen: Jede Versöhnung, jedes Wiedersehen und jedes Jubiläum wird mit neuen Präsenten versüßt. Zum Glück für uns, aber zum Unglück der Natur, sind die meisten dieser Dinge schon von vornherein auf Kürze eingestellt; ansonsten würden wir unter der Last an kleinen Botschaften („Ohne Gleichen") und Erinnerungen („Merci") bereits innerlich ersticken.

V

Die Welt des Stoffs

Haubenschachteln

Nicht zufällig werden Spanschachteln häufig als **„Haubenschachteln"** bezeichnet: Während sich in alten Schachteln nur selten Kekse, Briefe oder Spielzeuge finden lassen, kommen zum Beispiel Hauben, Bänder und Tücher noch recht häufig zum Vorschein. Für kleinere Textilien scheint es kaum einen geeigneteren Platz zu geben; von der Grundform der „Haubenschachtel" haben sich selbst moderne Hutverpackungen aus Pappe oder Kunststoff nur in geringem Maße entfernt.

In Spanschachteln werden heutzutage vor allem Dinge verwahrt, die irgendwann einmal vergessen wurden oder als bewahrenswert, aber unbrauchbar galten und gelten. Zu diesen Gegenständen gehören in erster Linie **Trachten** – Kleidungsstücke aus einer ländlichen, rituell geordneten Welt des Brauchtums, die im Gegensatz zu allem steht, was aktuell „in" ist. Schon der Begriff „Haube" steht für eine Gegenwartsferne, die nach einer alten Schachtel verlangt, um sich dem beschleunigten Wandel der Moden entziehen zu können.

Haubenschachtel mit Jagd- und Freundschaftsmotiv, Thüringen um 1830, 46 cm breit

Die „Haubenschachtel“ erscheint aus folkloristischer und alltagshistorischer Perspektive als eine geradezu ideale **Synthese** von Form und Inhalt, von Speicher und Gespeichertem; in ihr werden religiöse und lebensweltliche Traditionen aufgehoben, tradiert. So erinnert zum Beispiel eine Brauthaube einerseits daran, wie man sich vor hundert Jahren schmückte, wenn man unter die Haube kam, andererseits verweist sie auf die Funktion einer mit einem Pärchen bemalten Schachtel als Hochzeitsgabe.

Ob es gilt, seinen Hut zu nehmen oder Schwarz anzulegen, Textilien markieren die wichtigsten Stationen und Transitionen unseres Lebens. Doch bis weit in das 19. Jahrhundert hinein kam ihnen nicht nur ein hoher symbolischer **Wert** zu: In vielen Haushalten bildeten Stoffe den Hauptteil des beweglichen Vermögens. Entsprechend wichtig war es, über gute Handarbeitskünste und Verwahrungsmöglichkeiten zu verfügen. So konnte man seinen Reichtum zur Schau tragen, ihn weitervererben – oder im Notfall versilbern.

War die Spanschachtel die Schatzkammer des „einfachen Mannes“? Oder war sie *mehr* – da sie womöglich schon im geschlossenen Zustand für Reichtum und Prestige stand?

Von Kopf bis Fuß auf Schachteln eingestellt: „Die Schachtelmacherin“ und „Der Schachtelmacher“, Kupferstiche von Martin Engelbrecht, Augsburg um 1740

Haubenschachtel, Thüringen um 1800, 49 cm hoch, mit strohgeflochtenem „Peerkopp“ (= Pferdekopf) aus dem Alten Land

Hauben für jeden Anlass: Spanschachtel aus einem Haushalt in Lüchow, Thüringen um 1830/40, 46 cm breit

Im Zeitalter der Modemarkendiktatur geht es nicht mehr um den Stoff, aus dem die Dinge sind, sondern nur noch um die Etiketten und Assoziationen, die an den Dingen hängen. Der Wert ist die Mode selbst: Ändert sich diese, so bleibt nichts als ein voller Kleiderschrank oder Altkleidersack.

Selbst in der Puppenwelt überspielt der „Chic 2000" alle Zweifel an der Qualität der Plastikstoffe.

Dem gastronomischen Vorbild der Plastikbestecke folgend, scheint es auch im garderobischen Bereich einen Trend zu scheinbar billigen Einweglösungen zu geben: Statt zu reinigen, wirft man weg, statt wiederzuverwenden, kauft man neu – bei jeder Gelegenheit und für jede Gelegenheit. Textilien verschlingen somit einen erheblichen Teil des Vermögens, statt zur Vermögensbildung beizutragen. An die Garderobe, die man aufgehängt verwahrt, kann und will man sich nicht erinnern. Sie steht nur noch selten für das Bleibende und Bedeutende im Leben, sondern vor allem für das Abgestreifte und Unmoderne, das man lieber vor sich und den anderen verstecken möchte.

VI

Die Jagdgründe des Lebens

Spanschachteln mit Tiermotiven

Reiter und Pferd, Jäger und Gejagtes, Mensch und Tier
gehören fest zum Bildprogramm der Spanschachteln im frühen 19. Jahrhundert.
Dem Leitstern der **Romantik** folgend, wendet sich der Mensch seiner natürlichen Umwelt zu –
und entdeckt in ihr mehr als nur Jagdgründe für Fleischliches;
das Tier erscheint als Spiegelbild und Ausdrucksmedium des Menschen,
als Medium der Welt- und Selbstreflexion.

Die Jagd auf einen Storch wird so zu einer Metapher für familiäres Glück,
das Motiv des Vogelfangens erinnert an die Suche nach den Quellen der Phantasie,
und der **„Vogel Selbsterkenntnis"** fordert den Betrachter dazu auf,
allen tierischen Ernst abzustreifen und – voller Selbstironie – Jagd auf sich selbst zu machen:
„Nehm sich ein jeder bey seiner Nasen,
so wird er andre mit Frieden laßen."

Spanschachtel mit Vogelfänger-Motiv, 34 cm tiefer Pappkorpus, Thüringen um 1830, 45 cm breit

Osterschachtel,
bemalt von Georg Greiner,
um 1930, 11 cm breit

Wie beim „Vogel Selbsterkenntnis" wird das **Tierische** dabei häufig vermenschlicht
und das **Menschliche** gerne ins Tierische überführt.
Genau von diesem Wechselspiel leben auch Tierfabeln.
In ihnen müssen Tiere ihre Lektionen lernen,
damit *durch* sie menschliche Einsichten gelehrt werden können.
Auf der Spanschachtel wird die Lehrgeschichte als rundes Bild präsentiert,
die Lehre als holprig gereimte „Moral von der Geschicht".

Trotz aller romantischen Begeisterung für eine Versöhnung mit der Natur
bleiben die Tiere Mittel zu menschlichen Zwecken und damit potentielle Opfer.
Trotz aller Reflexion und Vergeistigung hat sich nichts daran geändert,
dass sich der Mensch seine Welt als **Sammler** und **Jäger** erobert und aufbaut.
Gerade diese Doppelbestimmung dokumentiert sich in der Welt der Spanschachtel:
Der Innenraum der Schachtel wird zum Sammeln genutzt,
der Außenraum für das Motiv des Jagens.

Die beiden Hauptkomponenten des menschlichen (Über-)Lebens und menschlicher Kultur
erscheinen so wie Ober- und Unterteil, Deckel und Boden einer Schachtel.
Macht es wirklich einen Unterschied, ob wir Erinnerungen oder Jagdtrophäen sammeln,
nach einer Braut oder nach Erkenntnissen jagen?

In der Werkstatt
des Schachtelmalers:
Georg Greiner (1852–1944)
und seine Schachtel-Zoologie,
Neustadt bei Coburg um 1940;
aus: Wiswe, S. 29

Aus einer Odenwälder Familie:
lehrreiche Rundschachtel mit Tierfabel-Motiv,
Thüringen um 1840, Ø 33 cm

Ein Medium der Selbsterkenntnis? Humoristische Spanschachtel, Thüringen um 1840, 43 cm breit

Im Zeitalter der Großschlachthöfe haben wir die fleischliche Jagd auf reale Tiere in abgelegene Gewerbegebiete und Forstreviere verlagert. Stattdessen machen wir uns nun mit Portemonnaie und Gefühl auf die Jagd nach fiktionalen Tiergestalten – vom „Monchichi" bis zur „Tigerente".

Selbst das Osterlamm für die Ewigkeit wurde so vom Schokoladenhäschen für den Augenblick verdrängt.

Dessen Schlachtung verläuft blutlos und im Prozess des Auspackens. Einmal seiner Alukleidung beraubt, gibt es nur noch zwei Wege: einen kalorien- und einen müllreichen. Doch noch lieber *sammeln* wir Tiere. Unsere Favoriten sind weiche, widerstandslose Wesen, mit denen wir völlig nach Belieben umgehen und in die wir unsere Vorstellungen und Wünsche willkürlich hineinprojizieren können. Gegenüber diesen Kreaturen befinden wir uns in einer gottgleichen Position. Die Leere ihrer Augen, die Debilität ihres Ausdrucks stellt uns keine Fragen: Den „Vogel Selbsterkenntnis" haben wir gegen „süße Osterküken" getauscht.

VII
Die bürgerliche Binnenwelt
Spanschachteln mit Lithographien

Mit der Entdeckung der Buchdruckerkunst im 15. Jahrhundert beginnt ein neues Zeitalter: Alle Bereiche der Gesellschaft werden seitdem in wachsendem Maße von der Entwicklung druck- und informationstechnischer Möglichkeiten bestimmt. Durch den Einsatz von Lithographien – von „Abziehbildern“, die in hohen Stückzahlen auf der Basis geätzter Steinplatten produziert werden – erfährt auch der traditionelle Bereich der Spanschachtel eine **kleine Revolution.**

Ab 1850 wird die Bemalung an den Schachtelrand gedrängt: In der Mitte des zumeist ca. 45 cm breiten – auf Papierformate eingestellten – Deckels befindet sich immer häufiger ein industriell gefertigtes, leicht aufzuklebendes Druckbild, das sich in seiner Rechteckigkeit gegen die Oval- und Rundheit der Spanschachtel sperrt. Die Aufgabe des Schachtelmalers reduziert sich darauf, die Zargen mit Blüten zu schmücken und das neue Bildzentrum durch eine blaue Grundierung und markante Rahmen hervorzuheben.

Vom freien Feld in die Stadt der Türme: Spanschachtel mit phantasievoller Architekturlandschaft, Thüringen um 1840, 47 cm breit

Dieser gestalterische Paradigmenwechsel revolutioniert die **Bildsprache** der Schachteln: An die Stelle großer, bunter, schablonenhafter Darstellungen voller Stereotypen treten nun kleine, zarte, detailgenaue Kompositionen voller Klischees. Gleichzeitig wird die beschriebene Vereinfachung und Standardisierung der Grundform durch eine Ausdifferenzierung und Erweiterung der Motivpalette kompensiert: Auf die Brautwerbung zwischen Bäumen folgt die familiäre Welt der Kinderspiele und Bürgerstuben.

In dieser Verlagerung von **außen** nach **innen** spiegeln sich wichtige gesellschaftliche Prozesse: eine zunehmende Trennung von gewerblicher und häuslicher, männlicher und weiblicher Welt und eine wachsende Verantwortung der Frau für die Ausgestaltung der bürgerlichen Binnenwelt. Frauen sind nun als Hauptadressaten von Schachteln *mehr* als bloße Geschenkempfängerinnen. Parallel hierzu kündigt sich eine funktionale Verschiebung an: Der innere Auffüllwert verliert an Bedeutung, der äußere Dekorationswert tritt in den Vordergrund.

Entspricht die Bilderwelt der Spanschachtel nicht aber weiterhin männlichem Wunschdenken; wird die Frau nicht lediglich vom Braut- in den Familienstand erhöht bzw. erniedrigt? Wie auch immer: Was bleibt, ist das *mögliche* Innenleben der Spanschachtel: ein Freiraum für Geheimnisse, ein Versteck für ganz persönliche „Sachen".

Seite aus einem Musterbuch eines thüringischen Spielzeugverlegers, um 1840

Zwei Spanschachteln mit aufkaschierten Lithographien:
Eine Allegorie weiblicher Schönheit?
Thüringen um 1850, 45 cm breit

Eine Allegorie exotischer Verführung?
Thüringen um 1870, 44 cm hoch

Weihnachtliche und kindliche
Stimmungsbilder: Spanschachteln mit
lithographierten Deckelmotiven,
Thüringen um 1860/70, jeweils
ca. 45 cm breit

Im Zeitalter der beliebigen Reproduzierbarkeit wächst die Sehnsucht nach „echten“ Unikaten und nach „vom Aussterben bedrohten“ alten Dingen. Hausindustrielle Produkte wie Spanschachteln werden als Objekte der Volkskunst zu Requisiten von naiv-sentimentalen Heiminszenierungen.

Selbst die Form der Spanschachtel dient als Basis für die Produktion von scheinbar einzigartigen (Weihnachts-)Gefühlen.

Nachgebildet wird mit Vorliebe eine Welt, die unter den Bedingungen beliebiger Reproduzierbarkeit nur noch als funktionslose Replik oder als nostalgisches Zitat möglich zu sein scheint. Der Kunde möchte das erwerben, was ihm fehlt – und kauft das, was ihm das Fehlende nur ersetzen kann. Da immer mehr Dinge der Gegenwart immer schneller veralten und verschwinden, nimmt der Bedarf an immer neuen Ersatzwelten ständig zu. Der Bedarf reproduziert sich selbst – und schafft damit ein wachsendes Entsorgungsproblem. Am Ende bleibt uns wohl nur eine Lösung: eine virtuelle Lebenswelt mit einem „Papierkorb“, in den wir alles abladen können, was keinen Platz auf den multifunktionalen Speicherplätzen unserer Zeit – auf Festplatten, Disketten oder CDs – hat oder haben soll.

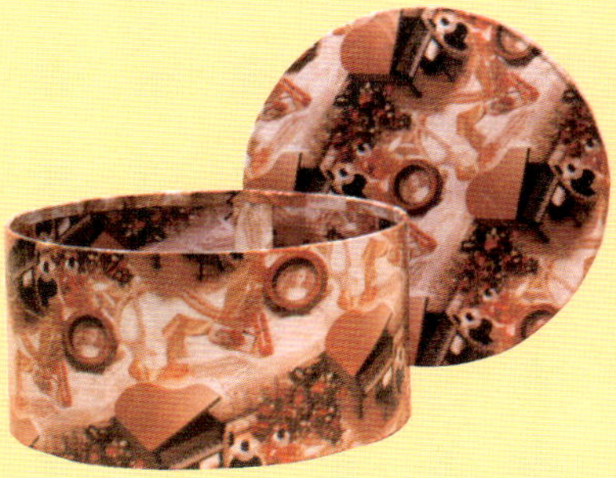

Spanholz als Feuerschutz? Schachtel zu Ehren des Heiligen Sebastian, die zur Aufbewahrung von Arzneimitteln genutzt wurde, aus dem Besitz eines Bad Tölzer Kantors, Berchtesgaden um 1780, Ø 35 cm

Literaturempfehlungen

Dröge, Kurt und Lothar Pretzell:
Bemalte Spanschachteln.
Geschichte, Herstellung, Bedeutung.
Callwey (München) 1986.

Wiswe, Mechthild:
Spanschachteln.
Geschichte, Herstellung, Bemalung.
Keyser (München) 1986.

Band 1 der Reihe
„Spielzeug-Reflexionen"

Herausgegeben vom
Norddeutschen Spielzeugmuseum
Poststraße 7, D-29614 Soltau
Tel. (0 51 91) 8 21 82

Autoren: Antje und Mathias Ernst
Photos: Horst Wundschuh

Bibliografische Information
Der Deutschen Bibliothek

Die Deutsche Bibliothek
verzeichnet diese Publikation
in der Deutschen Nationalbibliografie;
detaillierte bibliografische Daten
sind im Internet
über http://dnb.ddb.de abrufbar.

Satz: Fotosatz Husum GmbH
Druck und Verarbeitung:
Husum Druck- und Verlagsgesellschaft
Postfach 1480, D-25804 Husum –
www.verlagsgruppe.de

ISBN 3-89876-048-0